Les 20 Lois de la Richesse

Devenez le Maître de l'Argent, Prospérez et Finissez Millionnaire

--

Robert Palina

Copyright © 2016, Robert Palina. Tous droits réservés.

Table des matières

Introduction 5
1. La loi de cause à effet...7
2. La loi de la croyance...11
3. La loi des attentes..15
4. La loi d'attraction..19
5. La loi de correspondance 23
6. La loi de l'abondance..27
7. La loi de l'échange..31
8. La loi du capital..37
9. La loi de conservation 41
10. La loi de Parkinson...45
11. La loi de la perspective temporelle................49
12. La loi de l'épargne..53
13. La loi du Trois..57
14. La loi de l'investissement 63
15. La loi des intérêts composés 69
16. La loi de l'accumulation..................................73
17. La loi du magnétisme......................................77
18. La loi de l'accélération....................................81
19. La loi du marché boursier 85
20. La loi de l'immobilier 91
Résumé..95

Merci 101

Introduction

« Le risque provient de ne pas savoir ce que l'on fait. »
Warren Buffet

Les gens qui réussissent dans la vie et deviennent riche ont appris à utiliser l'argent à leur avantage. Ils le font en suivant certaines lois connues depuis longtemps et transmises à travers les âges. Par conséquent, ils sont capables d'accumuler de la richesse et de jouir de la liberté financière que ces réserves leur fournissent.

Les gens sans succès cependant, ou ceux qui restent pauvres malgré les nombreuses occasions de changer leur vie, ne suivent pas les mêmes lois que les gens riches.

En fait, dans la majorité des cas, ils suivent des lois opposées qui produisent des résultats eux aussi exactement opposés à ceux qu'expérimentent les gens riches. Donc, au lieu de créer de la richesse, ces personnes voient leur richesse diminuer et deviennent esclaves de dettes qu'ils ne pourront jamais rembourser.

Cela signifie que quand il s'agit d'argent, il n'y a vraiment que deux options : soit vous suivez les bonnes lois et vous gagnez de l'argent, soit vous suivez les mauvaises lois et vous perdez de l'argent. Il n'y a pas de juste milieu.

Dans ce livre, nous allons examiner les 20 lois de l'argent qui vous permettront de faire partie de ceux qui gagnent et réussissent.

1. La loi de cause à effet

La loi de cause à effet stipule que tout arrive pour une raison, car il y a une cause pour chaque effet.

Ce principe est extrêmement simple à comprendre : les gens riches le sont parce qu'ils font des choses qui les rendent riches, et les pauvres le sont parce qu'ils font des choses qui les rendent pauvres.

Par exemple, une personne riche concentre ses efforts sur l'accumulation d'actifs, tels que les métaux précieux comme l'or et l'argent qui voient leur valeur augmenter au fil du temps, alors que les pauvres concentrent leurs efforts sur l'accumulation de biens passifs, tels que des produits électroniques coûteux ou la dernière voiture à la mode, qui voient leur valeur diminuer au fil du temps.

Telle est la loi de cause à effet. Pour tout ce que vous faites, il y a soit un résultat positif, soit un résultat négatif, qui est le résultat direct de vos actions.

Cause et effet dans votre vie

La loi de cause à effet s'applique non seulement à vos finances personnelles, mais aussi à tous les autres aspects de votre vie. Votre degré de réussite, par exemple, dépend en grande partie des décisions que vous avez prises dans le passé.

Si vous passez la majorité de votre temps à essayer de devenir meilleur dans ce que vous faites, alors la loi de cause à effet dicte que vos compétences et vos connaissances s'amélioreront en proportion du nombre d'heures que vous aurez investi pour vous améliorer.

Si, cependant, vous passez la majorité de votre temps à regarder la télévision et à jouer à des jeux vidéos, la loi de cause à effet dicte que l'échec que vous rencontrerez sera proportionnel à la quantité de temps que vous aurez passé à vous faire plaisir plutôt qu'à travailler dur pour des choses importantes à long terme.

Une fois que vous commencez à regarder les choses à travers cette loi de cause à effet, vous constatez que vous voyez les choses beaucoup plus clairement, que votre vision n'est plus assombrie par les notions illusoires de hasard, de chance ou de malchance.

En conséquence, vous vous rendez compte que vous êtes là où vous êtes en raison des décisions prises et des actes posés par le passé, et que les actions que vous engagez aujourd'hui déterminent ce que vous vivrez demain.

Résumé

Le succès financier est simplement un effet qui fait suite au fait d'avoir pris certaines mesures.

Pour devenir riche, vous devez donc apprendre à identifier les actions qui apporteront plus d'argent dans votre vie, puis continuer à répéter ces actions jusqu'à ce que vous ayez atteint un niveau de richesse qui vous satisfait.

2. La loi de la croyance

La loi de la croyance dit que tout ce que vous croyez en le ressentant devient au final la réalité dans laquelle vous allez vivre.

Cette loi stipule également que vous agissez toujours de façon compatible avec vos croyances, en particulier celles que vous entretenez sur vous-même.

Les croyances que vous entretenez à propos de l'argent agissent comme des filtres dans votre cerveau. Elles vous permettent de voir ce que vous croyez et de vous cacher les choses que vous ne croyez pas. Cela influence le type d'actions que vous êtes prêt à entreprendre et par conséquent les sommes d'argent que vous êtes susceptible de gagner.

Par exemple, supposons qu'une personne croit qu'elle sera toujours pauvre et qu'il n'y a rien qu'elle puisse faire pour gagner un peu d'argent supplémentaire.

Une telle croyance est susceptible de limiter les actions de cette personne d'une manière qui la maintiendra pauvre et aveugle à toutes les possibilités financières qui se présentent. En conséquence, elle aura probablement des difficultés financières pour le reste de sa vie, enfermée dans un état d'esprit qui la maintient dans la pauvreté.

Supposons à présent que cette personne commence à croire qu'un jour, elle gagnera un bon revenu. Que pensez-vous qui se passera ? Comme elle n'est désormais plus limitée par ses anciennes croyances, elle est capable de prendre des mesures qu'elle n'aurait pas prises auparavant.

Par exemple, plutôt que de gaspiller son argent pour des choses dont elle n'a pas vraiment besoin, elle choisira d'épargner ou d'investir cet argent, et d'apprendre à l'utiliser de façon plus judicieuse.

Par conséquent, en conséquence directe de ses croyances, elle augmente considérablement ses chances d'atteindre ses objectifs financiers.

Résumé

Ne sous-estimez pas les croyances que vous avez à propos de l'argent et sur votre situation financière, actuelle et future. Des croyances positives sont nécessaires pour devenir riche, tandis que des croyances négatives auto-limitantes vous maintiendront dans la pauvreté.

3. La loi des attentes

La loi des attentes est fortement influencée par la loi précédente, la loi de la croyance, car elle stipule que tout ce que vous vous attendez à voir se produire dans votre vie finira par se manifester, devenant ainsi en quelque sorte une prophétie auto-réalisatrice.

Cela signifie que vous êtes toujours celui qui dicte comment les choses se passeront par la façon dont vous pensez et parlez de l'avenir.

Lorsque vous vous attendez à ce que de bonnes choses vous arrivent, de bonnes choses se produisent régulièrement. Lorsque vous vous attendez à ce que de mauvaises choses vous arrivent, de mauvaises choses se produisent régulièrement.

En ce qui concerne l'argent, les gens riches s'attendent à une vie d'abondance financière et voient leurs capitaux augmenter année après année. Au contraire, les gens qui ne sont pas riches s'attendent à devoir lutter pour l'argent et gagnent tout juste assez pour se débrouiller.

La beauté de cette loi est que vos attentes sont en grande partie sous votre contrôle. Cela signifie que vous pouvez décider si vous vous attendez à être pauvre ou si vous vous attendez à être riche.

Que pouvez-vous imaginer ?

Vos attentes au sujet de l'argent sont déterminées et limitées par votre imagination.

Certaines personnes ont une imagination très vive et peuvent clairement envisager leur vie future. Que ce soit un salaire à six chiffres, ou tout simplement amasser des richesses matérielles, ils peuvent imaginer ce qu'ils veulent et sont prêts à travailler à sa réalisation, car ils s'attendent à l'obtenir un jour.

Les gens sans succès, cependant, ont généralement une imagination très limitée qui les amène à concentrer leur attention sur le moment présent et la satisfaction de leurs besoins immédiats.

En conséquence, leurs attentes financières deviennent également limitées, ce qui devient finalement une prophétie auto-réalisatrice.

Si vous voulez apporter l'abondance financière dans votre vie, vous devez donc penser grand et espérer le meilleur, parce que ce que vous vous attendez à voir se produire déterminera en grande partie le genre de choses que vous essayerez d'atteindre.

Par exemple, le célèbre milliardaire britannique Richard Branson a rêvé grand toute sa vie. Il rêvait de créer un label, de posséder des magasins à travers le monde et de posséder une compagnie aérienne. Sa dernière ambition est de rendre le tourisme spatial abordable pour le grand public.

Avec de faibles attentes, Richard Branson n'aurait probablement jamais eu l'idée de réaliser une seule de ces choses.

Voilà pourquoi avoir des attentes élevées est si important si vous voulez réussir dans la vie, parce que tant que vous pensez que quelque chose est impossible pour vous, vous ne tenterez jamais de faire tout votre possible pour y parvenir, en admettant que vous le tentiez.

Résumé

Vos attentes déterminent ce que vous pensez qu'il va se passer pour vous dans votre vie, qui détermine ensuite les buts et objectifs que vous travaillez à atteindre.

Plus élevées sont vos attentes, plus vous pourrez atteindre un niveau de richesse élevé. Mais avoir des attentes élevées ne suffit pas, car ceux qui ne font que rêver de la richesse sans être prêt à travailler dur ne resteront jamais que cela : des rêveurs.

4. La loi d'attraction

La loi d'attraction stipule que vous attirez dans votre vie les gens, les circonstances et les événements alignés sur vos pensées dominantes.

En d'autres termes, la loi d'attraction dit que la vie que vous vivez aujourd'hui est un reflet des pensées que vous avez eu par le passé. Par conséquent, selon cette loi, si vous êtes capable de changer vos pensées, vous serez capable de changer votre vie.

Parmi les 20 lois présentées ici, la loi d'attraction est peut-être la plus connue, notamment grâce au DVD (puis au livre) « *The Secret* » (le Secret) de Rhonda Byrne.

L'attraction en action

Il ne fait aucun doute que la loi d'attraction est un facteur important dans le fait d'avoir un compte en banque bien garni ou d'être sans le sou.

Il n'est pas réellement important de savoir si cette loi fonctionne grâce à une force mystique ou à un changement dans vos pensées qui vous pousse à agir. Les résultats sont les mêmes.

Si vous pensez comme un riche, alors il y a de grandes chances qu'un jour vous deveniez riche, parce que vous commencerez à attirer dans votre vie les choses qui vous aideront à gagner de l'argent plutôt qu'à en perdre.

Cette loi d'attraction peut se manifester sous forme d'information, par exemple en lisant des livres sur l'argent, ou sous la forme d'une aide, comme la rencontre d'une personne qui peut vous aider à atteindre vos objectifs financiers.

A travers vos pensées et le résultat de vos actions, la loi d'attraction amènera dans votre vie tout ce sur quoi vous vous concentrez.

Si vous pensez en pauvre, vous deviendrez ou resterez pauvre car vous attirerez dans votre vie des choses, des personnes ou des situations qui contribueront à faire fuir l'argent loin de vous.

Cela peut se manifester en étant dépensier et dilettante avec l'argent, en accumulant les cartes de crédit et les dettes ou en retirant de l'argent de placement pour acheter des biens qui perdront rapidement toute valeur.

Aussi longtemps que vous vous focalisez sur le manque et la pauvreté, vous l'attirez dans votre vie.

Résumé

Utilisez la loi d'attraction pour attirer davantage d'argent dans votre vie en focalisant votre attention sur tout ce qui peut vous rapprocher de votre but financier.

Cela ne signifie pas que vous devez ignorer les mauvaises choses qui vous arrivent, mais simplement que vos pensées dominantes doivent rester concentrées sur ce que vous voulez, plutôt que sur ce que vous ne voulez pas.

5. La loi de correspondance

La loi de correspondance stipule que le monde que vous voyez à l'extérieur est un reflet de votre monde intérieur et correspond à vos pensées dominantes.

Cette loi explique pourquoi les gens réussissent ou non, son heureux ou non, sont riches ou pauvres. Le monde dans lequel ils évoluent reflète leurs pensées profondes dominantes.

S'agissant de vote situation financière, cette loi signifie que rien ne changera à l'extérieur avant que cela ne change à l'intérieur de vous, dans votre esprit.

C'est la même chose dans tous les domaines de votre vie. Si vous voulez améliorer les résultats que vous obtenez dans le monde, vous devez d'abord changer les pensées existant dans votre monde intérieur.

Votre équivalence mentale financière

Le monde extérieur vu comme la réflexion du monde intérieur d'une personne est appelé « équivalence mentale ». Cela signifie simplement que ce monde extérieur est équivalent au monde intérieur de cette personne.

Dès lors, chacun devrait s'employer à créer dans son mental l'équivalence des choses qu'il veut voir et expérimenter dans le monde extérieur, parce qu'à moins que vous ne les créez dans votre esprit d'abord, cela ne pourra se manifester à l'extérieur.

Vous pouvez le faire en vous intéressant à des sources d'information qui vous aideront à atteindre vos buts financiers et en évitant les sources d'information négatives qui vous font vous sentir coupable, morose ou vous font douter de vous.

La loi de correspondance peut aussi être utilisée comme une aide utile pour mieux comprendre les autres.

Par exemple, si quelqu'un est dans les dettes jusqu'au cou, cela indique qu'il n'est pas très bon s'agissant de gérer son argent, et qu'il n'est par conséquent pas très bon non plus pour manager d'autres domaines de sa vie, tels que la santé ou la carrière.

Tandis que vous avancerez sur le chemin de votre indépendance financière, gardez en tête la loi de correspondance car cela vous permettra d'identifier les personnes susceptibles de vous aider à atteindre vos buts concernant l'argent, et de repérer les personnes pour qui cela sera plus compliqué.

Résumé

La création de richesse commence dans votre esprit, et les résultats se reflètent dans la réalité que vous voyez et expérimentez. Soyez donc vigilant sur ce à quoi vous vous exposez car cela influencera votre mental et votre environnement intérieur, parfois pour le meilleur et parfois pour le pire.

6. La loi de l'abondance

La loi de l'abondance stipule que nous vivons dans un univers abondant qui contient tout l'argent et toutes choses nécessaires pour chacun. Il faut bien sûr le demander et faire ce qu'il faut pour l'obtenir.

A notre époque moderne et à l'heure des technologies numériques, cette loi de l'abondance est plus que jamais d'actualité puisque aujourd'hui la plus grosse partie de l'argent en circulation dans le monde existe uniquement sous forme dématérialisée, c'est-à-dire de simples chiffres sur un écran d'ordinateur.

Un excellent exemple de compréhension de la loi d'abondance peut être trouvé dans le monde de la banque.

Quand les premières banques naquirent il y a plusieurs siècles, elles fournissaient aux gens un endroit sûr pour y stocker des pièces ou de l'or, contre des intérêts.

Une personne se rendait à la banque, lui confiait son or ou ses biens de valeur et recevait en retour un récépissé. Si elle voulait récupérer son bien, elle se rendait à la banque et pouvait le faire contre le récépissé.

Mais bientôt, les banques réalisèrent que peu de personnes venaient réclamer leurs bien au même moment. Cela signifiait que l'or qui était stocké à la banque restait simplement là, inutile et ne produisant rien.

Les banques décidèrent alors d'utiliser cet or elles-même pour créer plus d'argent en l'investissant dans d'autres domaines ou en le prêtant avec intérêts.

Du moment que les clients de la banque ne venaient pas tous en même temps réclamer leurs biens, celle-ci avait assez d'or en réserve pour le rendre à ceux qui le voudraient.

Aujourd'hui, nous appelons cela *réserve fractionnaire* et à l'ère digitale, il est plus facile que jamais de l'utiliser. Les banques peuvent maintenant prêter des sommes virtuelles illimitées, car contrairement à l'or, la monnaie digitale est sans limites.

En conséquence, les banques et les organismes de crédit ont la possibilité de créer des quantités d'argent colossales puisqu'elles peuvent prêter de l'argent qu'elles n'ont pas et qui n'existe pas réellement.

Résumé

Depuis que nous sommes rentrés dans l'ère digitale, un supplément d'argent illimité a été injecté dans le monde chaque jour.

L'argent n'est pas une ressource rare, ce qui est rare est d'avoir une bonne connaissance et les compétences requises pour en avoir toujours en abondance. Par conséquent, plus vous serez capable de développer votre capital humain, plus vous aurez d'argent en récompense de vos efforts.

7. La loi de l'échange

La loi de l'échange stipule que l'argent est un medium, un agent intermédiaire par lequel les gens échangent leur travail contre des biens ou des services produits par d'autres.

En d'autres termes, cette loi dit que vous recevez un revenu en faisant ou en produisant quelque chose ayant de la valeur pour d'autres personnes et pour laquelle elles seront prêtes à payer.

Par conséquent, plus le produit ou le service que vous avez à offrir a de la valeur, plus vous pourrez gagner d'argent avec.

Avant l'argent

Avant que l'argent ne soit inventé, les gens utilisaient le troc. Ils échangeaient des biens ou des services contre d'autres bien ou services.

Par exemple, vous auriez pu venir chez moi pour réparer mon toit qui fuit, en échange de quoi je vous aurais fourni du bois pour votre cheminée. Cela s'appelle du troc et c'est ainsi que les gens procédaient avant l'invention de l'argent.

Au fur et à mesure que les sociétés s'agrandissaient, il devint toutefois bien plus pratique d'échanger biens et services par l'intermédiaire d'argent matériel, sous forme de pièces. Celles-ci pouvaient être accumulées et stockées, puis échangées plus tard contre les biens et des services désirés.

De nos jours, nous faisons exactement la même chose, simplement, au lieu d'utiliser uniquement des pièces, nous utilisons également de la monnaie papier, soit des billets, et de la monnaie numérique sous forme de cartes de crédit/débit.

Nous travaillons un certains nombre d'heures et recevons en échange une certaine somme d'argent. Nous pouvons alors utiliser l'argent ainsi gagné pour acheter des biens et des services à d'autres personnes qui échangent elles aussi leurs biens et services contre ce medium qu'est l'argent, afin d'acheter à leur tour les biens et services d'autres personnes, etc.

En économie, la circulation de biens et services est appelée « flux réel » et elle existe dans un « flux circulaire » car le revenu d'un personne correspond à la dépense d'une autre personne.

La valeur est proportionnelle au salaire

La loi de l'échange nous dit que la somme d'argent que vous recevez pour un produit ou un service dépend de sa valeur.

Plus une chose est demandée, plus elle est rare, plus elle est précieuse et plus grande sera sa valeur et donc, plus vous gagnerez d'argent avec. C'est le principe de base derrière la loi de l'offre et de la demande.

La valeur d'un bien ou d'un service est largement déterminée par ce que les gens sont prêts à payer pour l'obtenir, et peut par conséquent varier en fonction de facteurs émotionnels, de comportement ou d'opinion sur ce que vous avez à offrir.

Certaines personnes pourront considérer que le produit ou le service que vous offrez est de grande valeur et seront ainsi prêt à dépenser de grosses sommes d'argent pour l'obtenir. D'autres considéreront que cela n'a pas de valeur à leurs yeux, et ne voudront rien payer ou presque pour cela.

D'une façon générale, trois facteurs déterminent la valeur dans le monde réel : le type de travail que vous faites, comment vous le faites et la difficulté de trouver ailleurs ce que vous proposez.

Si vous vous formez dans un domaine très spécialisé par exemple, vous pouvez vous attendre à recevoir un salaire très élevé puisque peu de personnes seront capables de faire ce que vous savez faire.

D'un autre côté, si vous exercez un métier non ou peu qualifié que tout le monde peut exercer, vous aurez un salaire plus bas du fait de la compétition car le nombre de personnes disponibles pour le faire tire vers le bas la valeur de votre travail.

Résumé

Afin de gagner plus d'argent, vous devez augmenter la valeur de ce que vous faites. Cela implique d'augmenter votre savoir, vos compétences ou de changer de métier.

Tout ce que vous pouvez faire pour ajouter de la valeur aux yeux des autres augmentera la somme d'argent que vous pourrez gagner en échange de votre temps.

Les gens les mieux payés dans la société actuelle améliorent continuellement ce qu'ils font afin de pouvoir gagner plus d'argent, en offrant des produits et des services d'une valeur toujours plus grande.

8. La loi du capital

La loi du capital stipule que votre atout le plus précieux pour gagner de l'argent est votre capital physique et mental, votre capacité de gains.

Si vous pouvez employer cette capacité à la production de biens et services de valeur, alors vous aurez assez d'argent pour faire tout ce que vous voulez dans la vie.

Les sommes d'argent que vous gagnez aujourd'hui sont la mesure exacte de vos capacités de gain et vous indiquent jusqu'où vous les avez développé. Plus cette capacité est grande, plus vous pouvez gagner d'argent.

Le temps est votre plus précieuse ressource

Ce que vous pouvez gagner est déterminé pour une large part par le temps que vous investissez pour cela. Si vous ne savez pas gérer efficacement votre temps et que par exemple vous le gaspillez à des tâches non productives, votre temps n'aura pas beaucoup de valeur.

En fin de compte, votre temps est en réalité la seule chose que vous ayez à vendre et c'est pourquoi vous devez faire votre possible pour en faire quelque chose de constructif en évitant de le gaspiller sur des activités qui n'ont aucune valeur à long terme.

Il est important d'être conscient que la valeur et le temps sont en étroite relation et en général on peut dire que quand le temps augmente, la valeur en fait autant.

Le vin et le fromage sont deux bons exemples de ce principe, puisque la valeur de ces produits augmente avec le temps. Toutefois, notez que dans certains cas, moins de temps égal plus de valeur, par exemple quand il s'agit de livrer des produits.

Si vous voulez gagner de l'argent et devenir riche, vous devez donc être prêt à investir de votre temps, quel que soit la durée que cela prendra, à créer quelque chose de grande valeur et que les gens voudront acheter.

Vous pouvez bien sûr passez moins de temps afin de créer des choses de moindre valeur. Mais gardez à l'esprit que plus la valeur décroît plus la demande le fait aussi, de même que le prix que vous êtes en capacité de demander pour vos biens et services.

Le temps et l'argent peuvent être dépensés ou investis

Une fois que le temps ou l'argent ont été dépensés, ils sont partis pour toujours et vous ne pouvez les ramener. Vous pouvez toutefois investir votre temps ou votre argent afin de recevoir plus de temps ou d'argent plus tard.

Si le temps ou l'argent sont investis pour apprendre de nouvelles compétences ou de nouveaux savoirs par exemple, vous augmenterez votre valeur personnelle, ce qui augmentera votre capacité à gagner de l'argent.

C'est pourquoi vous devriez toujours investir une partie de vos revenus mensuels dans votre développement personnel, afin de travailler à devenir meilleur pour faire ce qui est le plus important à vos yeux.

Résumé

Un de vos buts principaux dans la vie devrait être d'augmenter vos capacités de gain afin de recevoir le plus d'argent possible en échange de votre temps.

Un moyen efficace de faire cela est d'identifier comment utiliser votre temps avec la plus grande valeur possible, puis de dédier une partie de votre temps à cela.

Plus grande est la valeur que vous êtes capable de créer pour vous-même, plus grande sera la valeur de vos biens ou services, et plus vous recevrez d'argent en retour.

9. La loi de conservation

La loi de conservation stipule que votre futur financier n'est pas tant déterminé par combien d'argent vous pouvez gagner mais plutôt par l'argent que vous possédez et que vous savez garder.

De nombreuses personnes par exemple gagnent beaucoup d'argent au cours de leur carrière mais, du fait qu'elles ne savent pas le gérer correctement et le dépensent inutilement, finissent pauvres ou même ruinées.

D'un autre côté, il y a des gens qui ne gagnent pas beaucoup d'argent mais qui l'utilisent avec sagesse et savent épargner. Ils peuvent ainsi prendre leur retraite en étant très riches et finissent leur vie dans le confort et la sécurité.

Si vous voulez atteindre le succès financier, vous devez donc apprendre à économiser plus d'argent que vous n'en dépensez ou vous ne serez jamais en mesure de voir votre richesse s'accumuler et grossir.

La différence entre les riches et les pauvres

Les gens ayant financièrement réussi sont experts dans l'art de réduire leurs dépenses et d'économiser pour l'avenir. Quand ils dépensent de l'argent, ils le font en priorité pour des actifs, c'est-à-dire pour des choses qui prennent de la valeur avec le temps, plutôt que pour du passif, c'est-à-dire des choses qui perdent de la valeur avec le temps.

Cela leur garantit que si l'économie va mal, qu'ils sont licenciés ou qu'ils perdent leur affaire, ils pourront toujours retomber sur leurs pieds.

Les sommes mises de côté dans ce but précis sont des fonds d'urgence, et correspondent généralement à une épargne équivalente à 6 mois de salaire minimum, afin de pouvoir maintenir le même train de vie en attendant de retrouver un nouvel emploi.

Les gens qui ne réussissent pas financièrement tendent à faire l'exact opposé de ce que font les gens riches. Ils sont experts dans l'art de dépenser leur argent, ce qui leur garantit qu'ils n'ont rien en réserve pour le futur. Ils vivent au jour le jour sans se préoccuper de leur avenir financier à long terme.

Si l'économie n'est pas bonne ou qu'ils perdent leur emploi, ils se retrouvent sans rien, sauf à demander la charité.

Résumé

Pour bâtir une fortune, il faut accumuler autant d'actifs que possible et réduire au maximum les dépenses obligatoires et le passif.

Tout le monde peut devenir riche, même ceux qui ont un petit salaire, à condition d'être capable d'économiser plus d'argent qu'ils n'en dépensent. Mais si vous dépensez plus que vous n'épargnez, même un salaire élevé ne vous rendra pas riche.

10. La loi de Parkinson

Parmi les 20 lois de l'argent, la loi de Parkinson est l'une des plus importantes à comprendre s'agissant de votre avenir financier.

Cette loi stipule simplement que plus vos revenus augmentent, plus vos dépenses augmentent également, et ceci nous aide à comprendre pourquoi tant de gens arrivent à la retraite en étant pauvres, alors qu'ils ont profité d'un bon salaire au cours de leur carrière.

Vous pouvez constater l'évidence de cette loi dans votre propre vie, puisque vous gagnez probablement beaucoup plus aujourd'hui que dans votre premier emploi.

Pourtant, malgré cette augmentation de vos revenus, il semble que vous ayez toujours besoin de dépenser chaque centime que vous gagnez afin de pouvoir maintenir votre train de vie.

Peu importe la quantité d'argent que vous gagnez, cela ne semble jamais être assez et vous finissez tôt ou tard par vous retrouver dans la même situation financière que nous ne l'étiez auparavant.

Casser la loi de Parkinson

Afin de devenir financièrement indépendant, vous devez faire un effort conscient pour casser la loi de Parkinson.

Vous pouvez le faire en développant votre volonté afin de résister à la tentation de dépenser sans attendre tout ce que vous avez gagné et en adoptant à la place une discipline afin d'épargner cet argent.

Tant que vous obéirez à la loi de Parkinson, vous n'atteindrez jamais le succès financier.

Un des meilleurs moyens de casser la loi de Parkinson consiste à augmenter vos dépenses plus lentement que l'augmentation de vos revenus et d'épargner ou d'investir la différence.

Si vous êtes en mesure de séparer vos revenus et vos dépenses de cette façon, vous serez également en mesure d'augmenter votre niveau de vie tout en vous assurant que votre avenir reste sécurisé.

Donc, à partir de maintenant, soyez conscient de la loi de Parkinson et faites un effort pour épargner une partie de toute augmentation de salaire que vous pouvez recevoir, plutôt que de succomber à l'habitude de dépenser plus uniquement parce que vous gagnez plus.

Résumé

Quand les gens gagnent plus, ils ont tendance à dépenser plus, ce qui les maintient à peu près au même niveau de richesse tout au long de leur vie.

Pour devenir riche, vous devez par conséquent développer votre capacité d'accumuler de la richesse en vous assurant que l'augmentation de vos dépenses soit plus lente que l'augmentation de vos revenus.

11. La loi de la perspective temporelle

La loi de la perspective temporelle stipule que les gens qui réussissent dans la vie sont ceux qui voient les choses d'un point de vue à long terme plutôt qu'à court terme.

Vous pouvez constater l'évidence de cette loi tout autour de vous, car les gens qui se trouvent tout en bas de l'échelle sociale ont tendance à se focaliser uniquement sur des plaisirs immédiats et à court terme.

Le résultat est qu'ils passent la majorité de leur temps et de leur argent à se détendre, à s'amuser et ne pensent qu'à ce qu'ils ressentent dans le moment présent.

Toutefois, les gens qui sont au sommet de la société, tels que les professeurs, les managers, les hommes d'affaires, les directeurs, les politiciens et les présidents, abordent les choses d'une manière très différente que ceux qui sont tout en bas.

Ils envisagent comment leurs actions affectera les résultats qu'ils visent dans le futur et s'assurent ainsi que tout ce qu'ils font dans leurs activités quotidiennes leur donnera en retour le maximum pour le temps investi.

En d'autres termes, plutôt que de se concentrer sur la satisfaction de leurs besoins et désirs à court terme, les gens ayant réussi essaient de penser à long terme et sont capables de résister à la tentation de succomber à un plaisir immédiat.

L'importance de penser à l'avenir

Quand une personne commence à réfléchir dans une perspective à long terme, elle le fait généralement parce qu'elle a décidé de ce qu'elle voulait atteindre et est prête à faire ce qu'il faut pour cela.

Elle pense aux conséquences de ses choix financiers et décide dès lors si oui ou non, le fait d'entreprendre telle ou telle chose l'aidera à atteindre son but.

Il en résulte que la plupart des gens qui réussissent financièrement l'ont fait en étant très prudents avec leur argent et en ne dépensant que ce qui était absolument nécessaire.

Si nous comparons cela aux membres les plus bas de la société, la raison pour laquelle tant de gens sont endettés et empêtrés dans les difficultés financières devient évidente.

Ces personnes ont tendance à n'envisager que le moment présent et adoptent ainsi des comportements financiers qui leur garantit virtuellement de rester pauvre et endetté pour le restant de leurs jours.

Par exemple, plutôt que d'épargner leur argent ou de l'investir afin d'avoir une sécurité financière pour plus tard dans la vie, ils dépensent tout l'argent qu'ils gagnent pour des produits dont ils ont vu la publicité à la télévision ou dans des magazines.

Le résultat de ces dépenses effrénées est que l'on voit couramment des gens vivant le mois au mois et recourant massivement aux cartes de crédit.

Tout cela parce qu'ils ne savent pas se discipliner afin d'envisager les choses dans une perspective à long terme.

Quand vient le moment de quitter la vie active, ces dépensiers en puissance doivent alors compter sur l'État ou sur leurs proches pour simplement survivre, puisqu'ils n'ont que peu ou pas d'épargne.

S'il n'y avait pas de retraite ou d'aide sociale, beaucoup de gens seraient obligés de vivre dans la rue.

Résumé

Envisager les choses dans une perspective à long terme n'est pas toujours facile, car il est très tentant de vivre au jour le jour et de profiter de plaisirs immédiats. Malheureusement cependant, comme vous avez déjà pu l'observer, cela a un coût élevé.

Afin de voir vous-même les choses dans une perspective à long terme, vous devez développer votre capacité à faire ce que vous savez que vous devez faire, que cela vous plaise ou non.

Cela s'appelle l'auto-discipline et le degré auquel vous serez capable de vous auto-discipliner durant votre vie déterminera largement le degré de succès financier que vous atteindrez.

12. La loi de l'épargne

Si vous voulez réussir financièrement, vous devez absolument développer l'habitude d'épargner votre argent sur une base régulière.

Plus vous êtes capable d'épargner aujourd'hui, plus vous serez financièrement en sécurité demain. Il en découle que vous n'aurez pas à vous soucier d'avoir assez d'argent pour survivre ou pour vous acheter ce dont vous avez besoin ou ce qui vous fait plaisir.

C'est la loi de l'épargne qui stipule essentiellement que vous devez avoir comme objectif d'épargner plus d'argent que vous n'en dépensez.

C'est aussi la plus importante des 20 lois étudiées ici car si vous ne suivez pas cette loi-là, vous avez peu de chance de devenir riche un jour.

Payez-vous en premier

Un des moyens les plus simples pour commencer consiste à vous payer en premier. Cela signifie simplement que vous prenez une partie de vos revenus mensuels et que vous la placez sur un compte d'épargne avant d'avoir fait quoi que ce soit d'autre avec votre argent.

Une erreur commune est d'essayer d'épargner ce qui reste des revenus à la fin du mois. Très souvent toutefois, il ne reste rien et il n'y a donc plus rien à épargner.

En vous payant en premier, vous constaterez que vos habitudes de dépenses s'ajusteront rapidement pour correspondre au montant qu'il vous reste.

Si vous suivez ce simple principe, vous serez toujours en mesure d'épargner de l'argent, de payer vos factures et de vous acheter ce qu'il vous faut.

Combien devriez-vous épargner chaque mois ? Un bon objectif à viser est environ 10 % et si possible 20 %. Mais si vous ne pouvez vraiment pas faire mieux, commencez par épargner 1 % de vos revenus chaque mois et augmentez graduellement.

Ce qui est important est que vous preniez l'habitude d'épargner sur une base régulière car une fois que vous êtes capable de faire cela, il vous sera beaucoup plus facile d'en épargner encore plus au cours de votre vie.

Résumé

Pour devenir riche, vous devez construire votre richesse et le seul moyen de le faire est d'épargner davantage que vous ne dépensez. Si vous faites le contraire, vous finirez simplement ruiné et ne deviendrez jamais riche.

13. La loi du Trois

L'indépendance financière vient du fait de s'engager dans des activités qui créeront de la stabilité financière et de la sécurité à long terme. Sans l'un ou l'autre de ces éléments, vous prenez le risque de perdre tout ce pourquoi vous avez travaillé si dur.

Pour atteindre la stabilité et la sécurité, vous devez faire un effort pour maintenir des proportions correctes de vos finances dans trois domaines essentiels : l'épargne, l'assurance et les investissements. C'est la loi du Trois.

1. Épargnez votre argent

L'objectif de l'épargne est de vous protéger contre des pertes de revenus soudaines ou imprévues.

Vous devez donc épargner l'équivalent d'au moins six mois de revenus en tant que fonds d'urgence, à n'utiliser qu'en cas d'absence totale de revenus.

Avoir un fonds d'urgence vous permettra de maintenir votre niveau de vie actuel tout en vous permettant de trouver une autre source de revenu.

Savoir que vous avez de l'argent économisé en réserve vous donnera également une grande tranquillité d'esprit, surtout si vous avez une famille à entretenir.

Donc, si vous n'avez pas de fonds d'urgence, faites-en une priorité absolue. Créez un compte d'épargne à rendement élevé et commencez à mettre de l'argent de côté chaque mois pour vous assurer que votre avenir soit financièrement sécurisé.

2. Assurez ce qui est important

Le but d'une assurance est de vous protéger contre les pertes que vous ne pourriez vous permettre de couvrir par vous-même. Il est donc absolument essentiel d'assurer les choses importantes et précieuses de votre vie.

Parmi les assurance que tout le monde devrait posséder, nous pouvons citer :

- Assurance habitation
- Assurance vie

- Assurance invalidité
- Assurance maladie
- Assurance voiture

Tous ces types d'assurance sont absolument essentiels pour votre sécurité financière actuelle et future, car ils représentent de grandes pertes potentielles qu'il serait difficile de gérer par vous-même.

Bien sûr, vous n'avez pas l'obligation d'assurer ces choses (hormis l'habitation et la voiture) et votre pari peut s'avérer payant, mais si ce n'est pas le cas, vous pourriez vous retrouver dans une situation financière très grave dont vous risquez de ne jamais pouvoir vous extirper.

3. Investissez votre argent

Une façon d'assurer votre sécurité et votre liberté financières, c'est de continuer à faire travailler votre argent jusqu'à ce que vos investissements vous rapportent plus que votre travail.

Après avoir atteint ce seuil, vous pouvez alors prendre votre retraite car vous aurez assez d'argent pour vivre le reste de votre vie sans jamais avoir à travailler de nouveau.

L'argent et les étapes de la vie

Votre vie peut être divisée en trois parties et bien qu'indépendantes, ces parties se chevauchent.
Avoir une bonne compréhension de ces étapes de la vie peut vous aider à planifier votre vie financière en vous donnant des attentes réalistes concernant ces périodes de votre vie.

- **Les années d'études**

Les premières années de votre vie sont des années d'études et d'apprentissage. C'est le moment où vous allez à l'école pour recevoir une éducation qui vous permettra plus tard d'avoir un métier bien rémunéré.

Toutefois, toute personne qui veut sérieusement atteindre la réussite financière comprend que l'apprentissage ne se termine pas à la fin de la scolarité, mais que c'est plutôt un processus continu qui se poursuit tout au long de la vie.

- **Les années de travail**

Après les études arrivent les années consacrées au travail. Après avoir reçu une éducation qui vous permet d'avoir un certain métier, vous commencez à échanger votre temps et votre savoir contre de l'argent.

Plus ceux-ci sont de valeur, plus vous recevez d'argent en échange. Votre carrière professionnelle va grosso modo de 20 à 65 ans, cela dépend de votre niveau d'études et de la carrière entreprise.

- **Les années de retraite**

C'est la dernière étape de votre vie. Arrivé ici, votre but est d'avoir suffisamment d'argent pour profiter paisiblement de la fin de votre vie sans avoir à travailler pour survivre.

L'âge moyen de la durée de vie étant autour de 80 ans, une des meilleures choses que vous puissiez faire durant vos années de travail est d'épargner continuellement de l'argent afin d'en avoir assez pour plus tard.

Résumé

Soyez conscient des étapes de la vie car sinon vous pourriez arriver à la retraite avec peu ou pas d'argent, en tout cas pas assez pour survivre, ce qui arrive à beaucoup de personnes âgées et qui engendre tant de souffrances.

Pour vous assurer d'avoir une retraite confortable, agissez au bon moment en épargnant et en investissant votre argent quand vous en avez l'opportunité et protégez-vous contre les risques financiers en assurant ce qui a de la valeur dans votre vie.

14. La loi de l'investissement

La loi de l'investissement stipule que vous devriez passer autant de temps à étudier les possibilités d'investissement qu'à gagner l'argent que vous investirez.

Quelle que soit l'option d'investissement que vous choisissez, agissez avec la plus grande prudence et ne vous précipitez pas.

Au minimum, vous devez avoir une pleine et entière compréhension de chaque détail et si vous avez le moindre doute, vous feriez mieux de changer d'option ou de placer votre argent à la banque.

Ne perdez pas d'argent

Un des principes les plus simples pour vous assurer une sécurité financière à long terme est de ne jamais perdre d'argent.

L'argent que vous possédez actuellement est le résultat d'heures, de semaines et d'années que vous avez consacré à l'acquisition de cet argent.

Votre argent est dès lors une partie de votre vie et vous devez le tenir fermement car une fois qu'il est parti, il est parti pour de bon.

Quand il s'agit d'investissement, évitez donc tous les plans où vous pouvez perdre votre argent, à moins que vous puissiez survivre à cette perte.

Quelques personnes adoptent l'attitude consistant à se dire qu'il peuvent se permettre de perdre un peu d'argent car après tout, ils en ont plein par ailleurs et ce n'est qu'une petite partie de ce qu'ils possèdent.

Un vieil adage reflète l'état d'esprit de cette mentalité et vous devriez vous en souvenir :

« Aux idiots l'argent file entre les doigts ! »

Et un autre :

« Quand un homme avec de l'expérience rencontre un homme avec de l'argent, l'homme avec de l'argent finira avec l'expérience et l'homme avec de l'expérience finira avec l'argent. »

Décidez de toujours garder une mainmise ferme sur votre argent, qu'il s'agisse de petites ou de grosses sommes. Quand vous adoptez une mentalité dépensière, vous ne faites que cela et finissez sans rien.

N'investissez qu'avec des experts reconnus

Tout investissement que vous faites devrait être entrepris après une recherche minutieuse et avec un expert en placements reconnu et qui a fait ses preuves.

N'investissez jamais avec des personnes ou des entreprises dont vous ne connaissez rien et toujours dans quelque chose pour lequel vous avez un intérêt et une bonne compréhension. C'est exactement ce que fait Warren Buffett et il est l'un des investisseurs ayant le mieux réussi dans le monde.

Lorsque vous prenez des conseils d'investissement spécifiques, ne le faites qu'auprès de personnes ayant déjà réussi financièrement et non pas auprès de ceux qui essaient de réussir grâce à vous.

<u>Note</u> : Robert Kiyosaki, auteur de « *Rich Dad, Poor Dad* » (Père riche, père pauvre) ne croit pas aux conseils d'investissement traditionnels au sujet de la diversification de votre portefeuille. Il fait valoir que cela entraîne un gain nul parce que vos gains seront compensés par vos pertes.

Au lieu de cela, il est d'accord avec Warren Buffett. Sachez dans quoi vous investissez, connaissez extrêmement bien vote sujet et investissez uniquement là-dedans.

Résumé

Investir votre argent a le potentiel de vous rapporter de bons rendements sur votre investissement initial, et c'est donc quelque chose que vous devez faire à un moment donné de votre vie si vous voulez vous construire un niveau de richesse conséquent.

Cependant, se précipiter dans des investissements dont vous ne connaissez rien et prendre des mauvaises décisions dans ce domaine est un moyen facile et rapide de perdre votre argent et de vous retrouver ruiné.

Lorsque la dernière bulle financière a éclaté, par exemple, de nombreux investisseurs ont perdu beaucoup d'argent parce qu'ils se sont précipités dans quelque chose qu'ils ne comprenaient pas complètement, pensant que c'était un moyen rapide et facile de devenir riche.

15. La loi des intérêts composés

L'intérêt composé est un type d'intérêt qui produit de l'intérêt sur l'intérêt déjà gagné.

Si vous laissez votre argent recueillir des intérêts composés durant assez longtemps, par exemple au cours de votre vie professionnelle, même une petite somme d'argent peut se transformer en une quantité importante.

Les intérêts composés peuvent être calculés à des taux différents. Le meilleur type est celui où il est calculé sur une base quotidienne et cela est généralement le cas avec les comptes d'épargne.

Moins préférable est l'intérêt calculé sur une base mensuelle ou annuelle, car au cours du temps vous obtiendrez un taux de rendement inférieur sur votre argent.

La règle de 72

La règle de 72 est une règle simple que vous pouvez utiliser pour déterminer combien de temps il faudra à votre argent pour doubler à un taux d'intérêt donné.

Pour résoudre ce problème, il suffit de diviser 72 par le taux d'intérêt. Par exemple, si vous avez 5 % d'intérêt sur votre investissement, cela donne 72/5 = 14.

Cela signifie que votre argent va doubler en 14 ans à ce taux d'intérêt. Donnez-lui encore 14 ans et votre argent aura doublé à nouveau.

En fonction de la durée de votre investissement et si vous avez commencé à épargner suffisamment tôt, vous aurez beaucoup d'argent à votre disposition à la retraite. C'est la magie de l'intérêt composé.

Ne touchez pas à l'argent que vous économisez

Il y a une règle d'or que vous devez absolument suivre quand il s'agit de l'intérêt composé, ne touchez pas l'argent que vous économisez !

Si vous le faites, vous perdrez la puissance de l'intérêt composé et même si vous utilisez seulement une petite partie de votre épargne, vous renoncez à l'équivalent d'une très grosse somme plus tard.

Donc, la clé de l'intérêt composé est de commencer tôt, d'investir votre argent sur une base régulière et de ne jamais toucher à votre épargne. Si vous suivez ces règles, vous serez riche à la retraite.

Par exemple, supposons qu'une personne économise 100 € par mois à un taux d'intérêt composé de 10 %. Elle commence à épargner à 21 ans et jusqu'à 65 ans, quand elle prend sa retraite. Au moment où elle atteint 65 ans, elle est millionnaire.

Résumé

Pour assurer votre sécurité financière, fixez-vous l'objectif dès à présent d'ouvrir un compte d'épargne et décidez d'épargner une partie de vos revenus chaque mois pendant les cinq, dix ou même vingt prochaines années. Un jour vous serez très heureux de l'avoir fait !

16. La loi de l'accumulation

La loi de l'accumulation stipule que la sécurité financière et le succès viennent de l'accumulation de petits efforts et sacrifices dont la plupart ne sont remarqués par personne.

Afin de commencer le processus d'accumulation, vous devez être en mesure de vous discipliner pour faire ce que vous savez que vous devriez faire, que vous le vouliez ou non, et ensuite de persister dans les moments difficiles.

Il est inutile de ne le faire que pour une courte période, puisque la loi dicte que la réussite financière ne peut être obtenue que par une action constante sur une période prolongée de temps.

Si vous êtes capable de faire cela, vos dettes vont lentement commencer à disparaître, votre situation financière va commencer à s'améliorer, vos économies vont croître et votre qualité de vie globale s'améliorera en tant que résultat direct de vos efforts.

Développer l'élan

L'un des aspects les plus difficiles de la loi de l'accumulation financière est de commencer. Très souvent, les gens pensent qu'ils n'ont pas assez d'argent pour commencer à épargner dès maintenant mais se promettent qu'un jour, dans l'avenir, ils le feront.

Malheureusement cependant, ce jour ne vient généralement jamais et ils finissent donc par ne pas épargner quoi que ce soit au cours de leur vie professionnelle, ce qui les amène à la retraite pauvres et ruinés.

Il est donc absolument essentiel que vous fassiez quelque chose dès que possible pour commencer à économiser votre argent, même si cela implique simplement d'étudier les différents types de placements adaptés pour vous.

Le plus tôt vous initiez cette première étape, plus vous aurez de l'élan et plus vous serez capable de prendre des mesures qui bénéficieront à vos finances.

Si cependant vous remettez cela à plus tard, vous ne construirez aucune dynamique, et il est donc peu probable que vous agissiez dans l'avenir.

C'est ce qu'on appelle le "principe de la dynamique" et il s'applique à pratiquement tous les aspects de la vie. Il signifie simplement qu'au départ il est toujours difficile d'agir mais qu'une fois que vous avez franchi cette première étape, cela devient toujours plus facile.

Une étape à la fois

Si vous n'avez jamais économisé d'argent auparavant et que vous commencez à penser à économiser 10 % ou 20 % de vos revenus, vous serez probablement effrayé par la perspective d'épargner autant et vous trouverez de nombreuses raisons pour ne pas commencer à économiser aujourd'hui.

Mais pourquoi ne pas commencer à économiser 1% de votre revenu ? Que pensez-vous de cela ?

Si vous êtes honnête avec vous-même vous devriez certainement être en mesure d'économiser 1 % de votre revenu et même si ce n'est pas beaucoup, c'est tout ce dont vous avez besoin pour construire l'élan, pour prendre l'habitude d'épargner votre argent régulièrement.

Quand vous devenez plus à l'aise avec l'idée d'économiser votre argent, augmenter ce montant à 2 %, 5 %, 10 % et même 20 % si vous le pouvez.

Au cours d'une année, vous serez surpris de voir combien vous avez épargné et si vous continuez tout au long de votre vie, votre sécurité financière est pratiquement garantie.

Résumé

Sauf à gagner à la loterie, personne ne devient riche pendant la nuit. Afin de devenir riche, vous devez donc prendre une série de petites mesures qui vous maintiennent dans la direction de vos objectifs financiers à long terme.

La première étape est souvent la plus difficile mais une fois franchie vous vous apercevez que chaque étape ultérieure est beaucoup plus facile. Même si cette première étape est modeste, c'est toujours un pas dans la bonne direction et en fin de compte c'est tout ce qui importe.

17. La loi du magnétisme

Dans son principe, la loi du magnétisme est similaire à la loi de l'attraction. Elle stipule que plus vous épargnez de l'argent, plus vous attirerez d'argent dans votre vie.

Cette loi aide à comprendre pourquoi certaines personnes ont été riches tout au long de leur vie, et pourquoi d'autres sont restées pauvres.

Ceux qui ont économisé leur argent ont attiré plus d'argent et ont prospéré alors que ceux qui gaspillent leur argent ont attiré moins d'argent et ont mal vécu.

Selon cette loi, l'argent coule vers l'endroit où il est aimé et respecté. Par conséquent, plus vous aurez d'émotions positives associées à votre argent, plus vous aurez de possibilités pour l'attirer dans votre vie.

Développer la mentalité de l'argent

Afin d'attirer plus d'argent dans votre vie, vous avez besoin d'argent pour commencer, parce qu'il faut de l'argent pour faire de l'argent.

Donc, si vous n'avez rien épargné pour le moment, vous n'attirerez pas plus d'argent dans votre vie parce que vous n'avez rien pour commencer.

Alors prenez le temps de regarder votre situation financière actuelle et essayez de déterminer où vous pouvez réduire vos dépenses. Ensuite, décidez d'épargner une petite partie de vos revenus sur un compte d'épargne ordinaire.

Le simple fait que vous ayez commencé à économiser votre argent fera que par la loi du magnétisme vous attirerez encore plus d'argent. Au fil du temps, il continuera à croître ce qui finira par vous permettre d'atteindre vos objectifs financiers.

Soyez prudent avec la loi du magnétisme cependant, parce que tout comme elle peut travailler pour vous, elle peut travailler contre vous. Si vous avez tendance à gaspiller votre argent dans l'achat de passifs, par exemple, vous aurez tendance à attirer plus de ces choses dans votre vie.

Cela est particulièrement vrai quand il s'agit de dettes personnelles, comme les dettes de carte de crédit. Les gens qui font des dettes finissent très souvent par attirer plus de dettes dans leur vie.

Finalement, ils peuvent atteindre un point où ils sont incapables de rembourser l'argent qu'ils ont emprunté, et tout ce qu'ils sont en mesure de rembourser sont les frais d'intérêt mensuels. Lorsque cela arrive, la personne est tombée dans le piège de la dette.

Malheureusement, il peut être très difficile de s'échapper de ce piège et beaucoup de gens n'y parviennent jamais. Ils deviennent esclaves de leur dette et passent le reste de leur vie dans la pauvreté, luttant pour la rembourser.

Résumé

L'argent est comme un aimant. Plus vous en avez, plus vous semblez en attirer dans votre vie - et plus forte devient l'attraction.

Utilisez la loi du magnétisme à votre avantage en bâtissant lentement mais sûrement votre richesse chaque année afin que vous puissiez disposer de plus grandes quantités d'argent dans vos vieux jours.

18. La loi de l'accélération

La loi de l'accélération stipule que plus vous avez d'argent et plus vous réussissez, plus vite l'argent et le succès entrent dans votre vie à partir d'une variété de sources différentes.

Cette loi explique pourquoi les gens prospères et riches semblent toujours avoir beaucoup de succès et de richesse, et pourquoi cela semble si facile pour eux.

Si vous avez beaucoup de succès dans votre vie, tout le monde veut vous connaître et être votre ami. Cela augmente le nombre de contacts que vous avez, ce qui augmente ensuite la quantité de possibilités auxquelles vous êtes exposé.

L'argent semble venir beaucoup plus rapidement à ceux qui en ont beaucoup parce qu'ils peuvent faire plus de choses avec. Ils sont capables de faire des investissements plus importants, de gagner plus d'intérêt sur leurs économies et d'embaucher de meilleures personnes pour les aider à développer leur entreprise.

Cette loi explique également pourquoi le succès et la richesse sont difficiles à obtenir lorsque vous êtes débutant, parce que lorsque vous avez moins de succès et de richesse, vous attirez naturellement moins de ces choses dans votre vie.

Si vous n'avez pas réussi, la plupart des gens ne sont pas vraiment intéressés par qui vous êtes. Pour eux, vous êtes juste une personne moyenne comme les autres et donc vos contacts et vos possibilités seront limitées.

Si vous n'avez pas beaucoup d'argent, vous pourrez faire beaucoup moins de choses avec celui-ci qu'une personne riche.

Vous ne serez pas capable de faire d'aussi importants investissements, il sera plus difficile de vous faire prêter de l'argent et vous ne serez pas en mesure d'embaucher des gens intelligents ou talentueux pour vous aider à atteindre vos objectifs.

Le principe des 80/20

Une partie de la loi de l'accélération stipule que 80 % de votre succès viendra des derniers 20 % du temps que vous consacrez à quelque chose.

Cela est assez étonnant si vous y réfléchissez car cela signifie que vous ne réaliserez que 20 % du succès total possible dans les premiers 80 % du temps ou de l'argent que vous investissez dans quelque chose.

Cela signifie aussi que si vous vous attendez à devenir riche rapidement, vous êtes peu susceptible de persévérer assez longtemps pour obtenir un succès réel parce que vous serez découragé par ce qui semble être si peu de succès pour tant d'effort.

C'est pourquoi les gens qui commencent avec des attentes d'enrichissement rapide et facile ne deviennent riches que très rarement, car une fois qu'ils sentent qu'ils ne vont pas obtenir de résultats assez rapidement, ou ne pas obtenir les résultats qu'ils voulaient, ils abandonnent et cherchent une autre méthode qui leur fournira un raccourci vers la richesse.

Cependant, ceux qui se rendent compte qu'atteindre le succès prend du temps sont beaucoup plus susceptibles de persister dans les moments difficiles, jusqu'à atteindre enfin leur objectif.

C'est pourquoi la plupart des millionnaires ne deviennent pas millionnaires du jour au lendemain, mais plutôt à la suite de nombreuses années d'efforts cohérents et ciblés.

Résumé

La construction de la richesse réelle est souvent un processus long et lent, surtout lorsque vous êtes débutant. Mais si vous avez une vision à long terme, vous connaîtrez la richesse et le succès dans votre vie, dans un processus de croissance permanente.

19. La loi du marché boursier

Lorsque vous détenez une action, ce titre représente votre part de propriété d'une société donnée. Cela vous donne ensuite droit à une part des avantages et des risques associés à cette société.

Cela inclut des éléments tels que les profits, les pertes, les augmentations de stock, les baisses de valeur et la demande (croissante ou en baisse) pour les biens ou services proposés.

Par conséquent, lorsque vous achetez une action dans une entreprise, vous pariez essentiellement un certain montant de votre argent sur le succès ou l'échec de cette entreprise.

Si la société fonctionne bien, vos actions prendront de la valeur et vous pourrez alors les revendre avec un bénéfice.

Cependant, si cette société fonctionne mal, la valeur de votre stock diminue et vous risquez de perdre de l'argent et d'obtenir un taux de rendement négatif sur votre investissement initial.

Ce qui détermine le succès ou l'échec d'une entreprise est ce qui donne au marché boursier ses hauts et ses bas.

Certains de ces facteurs sont : le montant des ventes à différentes périodes de l'année, la concurrence entre les entreprises existantes et les nouvelles sociétés émergentes, les changements dans la technologie, les taux d'intérêt, la qualité de la gestion et les événements particuliers.

Tous ces facteurs peuvent affecter la façon dont une entreprise en particulier fonctionne, ce qui aura une incidence sur le marché boursier dans son ensemble.

Les gens patients gagnent de l'argent

Vous entendez parfois des gens parler de tendance haussière ou baissière et, à moins d'être familier avec le jargon du marché boursier, vous ne saurez probablement pas ce que cela signifie.

Un marché boursier haussier se réfère à un marché en hausse. Cela signifie que les gens s'attendent à ce que la valeur de l'ensemble du marché boursier augmente.

Un marché boursier baissier est l'exact opposé. Lorsque le marché est baissier, il prédit dans son ensemble une baisse de valeur.

La loi du marché boursier stipule que les gens qui investissent leur argent quand la bourse est en hausse gagnent de l'argent. Ceux qui vendent leurs actions lorsque le marché boursier est en baisse, pour se protéger, gagnent aussi de l'argent.

Mais les gens trop gourmands qui tentent d'exploiter le marché, finissent invariablement par perdre de l'argent, comme les day traders qui essaient de faire de gros profits en une seule journée.

Visez le long terme

Le marché boursier dans son ensemble a augmenté en moyenne de 11 % en valeur au cours des 90 dernières années, bien que l'on pourrait dire que c'est une fausse hausse puisque la valeur des devises a diminué par rapport à autrefois.

Le marché boursier est donc quelque chose qui doit être considéré comme un investissement à long terme, plutôt qu'un moyen de s'enrichir rapidement.

Il y aura naturellement des hauts et des bas mais si vous êtes patient vous obtiendrez finalement un taux de retour global positif sur votre investissement initial.

Ceux qui tentent d'entrer sur le marché boursier pour faire de l'argent rapide, ou qui vendent leurs actions quand les cours plongent sont ceux qui auront le plus souvent un taux de rendement négatif sur leur investissement.

Il n'existe pas de timing

Si vous pouviez prédire la hausse et la baisse du cours des actions, vous deviendriez une personne très riche.

Malheureusement, il est pratiquement impossible de toujours acheter des actions lorsque les prix sont bas et ensuite de les vendre quand les prix sont élevés.

Il est donc préférable d'utiliser une stratégie d'investissement à long terme. Cela implique l'achat d'actions de sociétés solides qui vendent des produits et des services reconnus, puis de conserver ces actions à long terme.

Le marché boursier est créé et géré par des professionnels

Lorsqu'une action est vendue, le vendeur prédit que sa valeur va diminuer et l'acheteur prédit que sa valeur va augmenter.

Chaque achat d'actions est donc un jeu à somme nulle. Cela signifie qu'une personne va bénéficier de la vente, tandis que l'autre va perdre.

Celui des deux ayant les meilleures connaissances et la plus grande expérience sera généralement le gagnant. Les gens qui spéculent sur le marché boursier pour gagner leur vie le font durant 40 à 60 heures par semaine.

Le plus sûr moyen d'investir sur le marché boursier n'est pas de parier contre ces personnes, mais plutôt de regarder le marché dans son ensemble et de baser vos décisions sur des moyennes.

Une façon de le faire est d'investir dans un fonds indiciel qui représente toutes les actions de cet indice et qui monte et descend sur la base de la tendance moyenne de l'ensemble du marché.

Les fonds indiciels ont constamment surpassé les fonds mutuels gérés par des professionnels au fil des ans et représentent donc une option de placement relativement sûre pour les investisseurs débutants.

Résumé

Investir dans le marché boursier peut être un moyen efficace de vous enrichir. Toutefois, cela ne vous rendra pas riche en une nuit et devrait donc être perçu comme un moyen d'investissement à long terme.

20. La loi de l'immobilier

La loi de l'immobilier stipule que la valeur d'un bien immobilier est déterminée par le revenu qu'il peut générer lorsque ce bien est pleinement valorisé.

La valeur immobilière

Même si un bien immobilier peut avoir une certaine valeur sentimentale pour son propriétaire, la seule chose qui compte vraiment pour les acheteurs potentiels est son potentiel futur et son emplacement.

Par exemple, des terres désertiques n'ont pas de potentiel de retour sur investissement car elles ne peuvent être développées pour générer des revenus, fournir un logement viable ou répondre à tout besoin humain.

La valeur des terres peut aussi diminuer avec le temps. Par exemple, certaines grandes villes industrielles considérées autrefois comme étant de grande valeur ont vu celle-ci diminuer du fait du ralentissement de la croissance et du développement économique.

Un propriétaire qui veut vendre sa maison dans une telle région la vendra moins cher qu'il ne l'a acheté.

À l'inverse, la valeur d'un bien peut augmenter si un secteur ou un terrain particulier bénéficie d'une croissance et d'un développement conséquents. Dans ce cas, son propriétaire peut s'attendre à réaliser une plus-value en cas de revente.

Vous placez votre argent lorsque vous achetez

La plupart des gens pensent qu'ils feront un bénéfice le jour où ils décideront de vendre leur maison, cependant, en réalité, l'inverse est vrai.

Vous réalisez un profit lorsque vous achetez une propriété au bon prix et de la bonne façon, ce qui vous permet ensuite de revendre cette propriété pour un prix supérieur au prix d'achat.

Il est important de s'en souvenir parce que mieux vous saurez identifiez la valeur d'un terrain et d'un bien immobilier, mieux vous serez susceptible de réaliser une plus-value si vous décidez de vendre plus tard.

Les facteurs économiques

Il y a une règle simple quand il s'agit de sélectionner une propriété : l'activité économique locale. C'est elle en effet qui déterminera en grande partie la valeur du bien que vous achetez.

Si vous achetez une propriété dans une communauté en déclin, qui perd des emplois et connaît un taux de croissance négatif, vous pouvez vous attendre à voir la valeur de votre propriété diminuer avec le temps.

Si par contre vous achetez dans une communauté en croissance, avec un nombre croissant d'emplois locaux, vous pouvez vous attendre à ce que la valeur de votre propriété augmente au fil du temps.

Un bon exemple de cela est celui de la Silicon Valley où l'afflux rapide d'emplois de haute technologie a provoqué une explosion des prix des logements.

Les facteurs les plus importants qui affectent la valeur de l'immobilier sont donc le niveau d'implantation des nouvelles entreprises et le taux de croissance économique de la région.

La clé d'un investissement immobilier réussi est lié à la capacité de prédire dans quels domaines cette croissance se produira avant qu'elle n'ait lieu, puis d'acheter le meilleur bien immobilier possible, qui prendra ensuite de la valeur.

Résumé

Pour gagner de l'argent en achetant des biens immobiliers, prêtez une attention particulière aux perspectives économiques actuelles et futures d'une région donnée. Si une zone détient un potentiel de croissance, alors votre investissement également.

Résumé

Vous trouverez ci-dessous un résumé rapide des points précédents afin de vous aider à vous rappeler chacune des 20 lois de l'argent :

1) La loi de cause à effet

Tout se produit pour une raison parce qu'il y a une cause pour chaque effet.

2) La loi de la croyance

Tout ce que vous croyez vraiment et avec du sentiment devient votre réalité.

3) La loi des attentes

Tout ce à quoi vous vous attendez devient une prophétie auto-réalisatrice.

4) La loi d'attraction

Vous attirez dans votre vie les choses auxquelles vous pensez la plupart du temps.

5) La loi de correspondance

Votre monde extérieur est un reflet de votre monde intérieur. Pour changer votre monde extérieur, vous devez changer votre monde intérieur.

6) La loi de l'abondance

Il y a plus que suffisamment d'argent disponible pour les gens qui le veulent et qui sont prêts à travailler pour cela.

7) La loi de l'échange

L'argent est un moyen par lequel les gens échangent leur travail dans la production de biens et services pour les biens et services des autres.

8) La loi du capital

Votre actif le plus précieux est votre potentiel de gain. Plus vous développez votre capacité à gagner de l'argent, plus riche vous deviendrez.

9) La loi de conservation

Ce n'est pas tant ce que vous gagnez mais combien vous êtes capable de garder qui déterminera votre situation financière actuelle et future.

10) La loi de Parkinson

Plus vous gagnez d'argent, plus vous dépensez. La liberté financière vient du fait d'enfreindre cette loi.

11) La loi de la perspective temporelle

Plus vous pouvez penser à l'avance aux conséquences de vos actions, plus vous réussirez dans la vie.

10) La loi de l'épargne

La liberté financière vient à ceux qui épargnent au moins 10 % de leur revenu sur une base régulière tout au long de leur vie.

13) La loi du Trois

La liberté financière est fondée sur l'épargne, l'assurance et l'investissement.

14) La loi de l'investissement

Prenez le temps d'étudier les domaines dans lesquels vous voulez investir et assurez-vous d'en avoir une bonne compréhension. Ne vous précipitez jamais en matière d'investissement.

15) La loi des intérêts composés

Utilisez l'intérêt composé pour gagner plus d'argent tout au long de votre vie professionnelle afin d'en profiter au moment de votre retraite.

16) La loi de l'accumulation

La réussite financière est le résultat d'une succession de petits efforts effectués sur une base constante.

17) La loi du magnétisme

Plus vous avez d'argent et plus vous réussissez, plus vite vous attirez de l'argent et du succès dans votre vie à partir d'une plus grande variété de sources.

18) La loi de l'accélération

Plus vite vous vous dirigez vers la liberté financière, plus vite elle se dirige vers vous.

19) La loi du marché boursier

Le marché boursier est un investissement à long terme.

20) La loi de l'immobilier

La valeur d'un bien immobilier est déterminée par son potentiel de plus-value.

Merci

Avant de vous quitter, je veux vous remercier pour avoir lu ce livre.

J'espère qu'il vous a plu et qu'il vous aura été utile.

Si c'est le cas, pourriez-vous prendre quelques instants afin de laisser un commentaire sur Amazon ?

Cela est très important pour nous, auteurs indépendants, et vous permet de témoigner et de partager votre expérience de lecture.

Merci :-)

Déjà paru aux Editions NeoMind :

L'Estime de Soi de Steve Bolt

www.ingramcontent.com/pod-product-compliance
Lightning Source LLC
Chambersburg PA
CBHW072225170526
45158CB00002BA/757